AF222204

Impressum
Verlag: BABADADA GmbH, Nedderfeld 112 , 22529 Hamburg
Geschäftsführer / Verlagsleitung: Harald Hof
Druck: Books on Demand GmbH, In de Tarpen 42, 22848 Norderstedt

Imprint
Publisher: BABADADA GmbH, Nedderfeld 112 , 22529 Hamburg, Germany
Managing Director / Publishing direction: Harald Hof
Print: Books on Demand GmbH, In de Tarpen 42, 22848 Norderstedt

мәктәп

除
бүлү

186/2

黑板
такта

教室
сыйныф бүлмәсе

校園
мәктәп ишегалдысы

老師
укытучы

紙
кәгазь

書寫
язу

筆
ручка

辦公桌
язу өстәле

直尺
линейка

書
китап

學生
укучы

書包

букча

鉛筆盒

пенал

鉛筆

каләм

削鉛筆機

каләм очлагыч

橡皮擦

бетергеч

畫板

рәсем ясау өчен альбом

圖畫

рәсем

畫筆

кисточка

顏料盒

буяулар тартмасы

剪刀

кайчы

膠水

җилем

練習冊

дәфтәр

家庭作業

өйгә эш

數字

сан

加

кушу

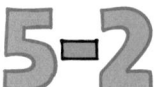

減

алу

乘

тапкырлау

計算

исәпләү

字母

хәреф

ABCDEFG
HIJKLMN
OPQRSTU
VWXYZ

字母表

алфавит

hello

字

сүз

課文

текст

讀

уку

粉筆

акбур

上課

дәрес

登記

сыйныф журналы

考試

имтихан

證書

диплом

校服

мәктәп формасы

教育

мәгариф

百科全書

энциклопедия

大學

университет

顯微鏡

микроскоп

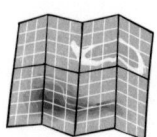

地圖

карта

廢紙簍

кәгазь өчен кәрҗин

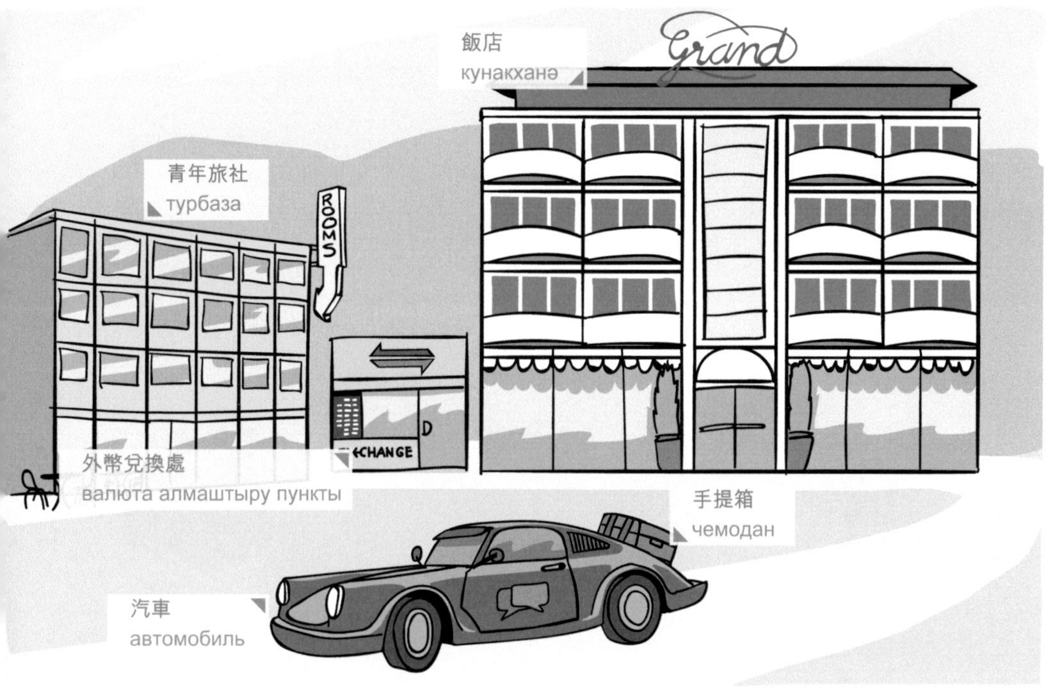

Grand
飯店
кунакханә
青年旅社
турбаза
ROOMS
外幣兌換處
валюта алмаштыру пункты
手提箱
чемодан
汽車
автомобиль

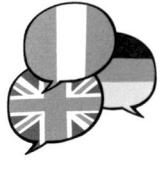

語言

тел

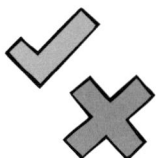

是/否

әйе / юк

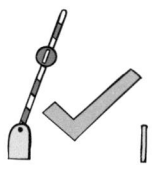

好的

яхшы

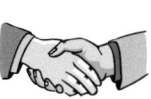

您好

сәлам

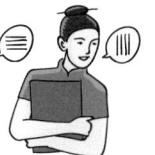

翻譯人員

тәрҗемәче

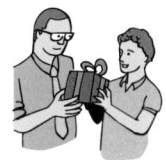

謝謝

Рәхмәт

……多少錢？

Күпме тора...?

我不明白

Мин аңламыйм

問題

проблема

晚上好！

Хәерле кич!

早上好！

Хәерле иртә!

晚安！

Тыныч йокы!

再見

хушыгыз

方向

юнәлеш

行李

багаж

包

букча

背包

рюкзак

客人

кунак

房間

бүлмә

睡袋

йоклар өчен капчык

帳篷

палатка

旅行資訊

туристик мәгълүмат

海灘

пляж

信用卡

кредит картасы

早餐

иртәнге аш

午餐

төш

晚餐

кичке аш

票

билет

電梯

лифт

郵票

почта маркасы

邊界

чик

海關

таможня

大使館

илчелек

簽證

виза

護照

паспорт

交通運送

транспорт

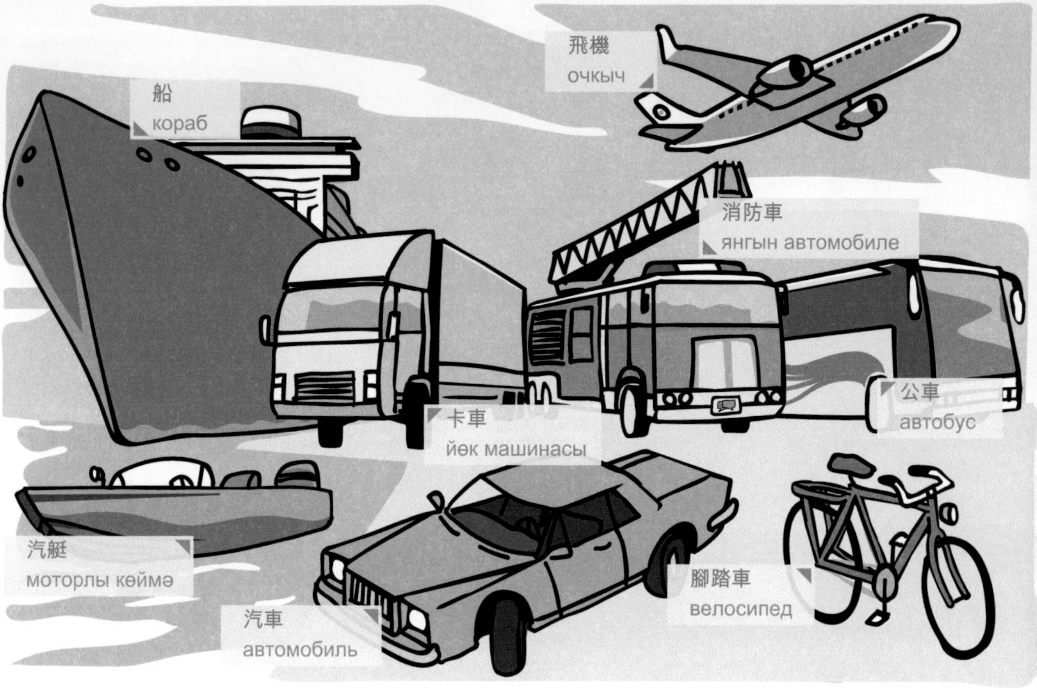
飛機
очкыч
船
кораб
消防車
янгын автомобиле
公車
автобус
卡車
йөк машинасы
汽艇
моторлы көймә
腳踏車
велосипед
汽車
автомобиль

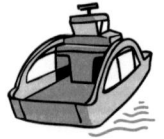

渡輪

паром

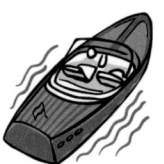

小船

көймә

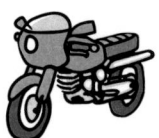

機車

мотоцикл

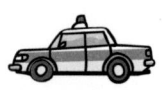

警車

полиция автомобиле

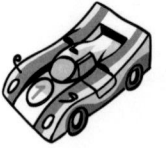

賽車

узыш автомобиле

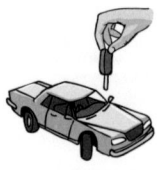

租車

вакытлыча алып торган автомобиль

拼車

Автомобильләр белән
уртак файдалану

拖車

буксирлау автомобиле

垃圾車

чүп ташучы

馬達

двигатель

汽油

ягулык

加油站

заправка

交通標識

юл билгесе

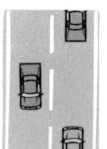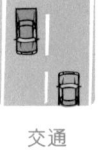

交通

хәрәкәт

交通堵塞

бөке

停車場

автомобиль тукталышы

火車站

вокзал

軌道

рельслар

火車

поезд

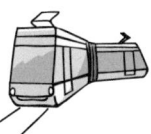

路面電車

трамвай

客車廂

вагон

直升機

вертолет

機場

аэропорт

塔

каланча

乘客

юлчы

集裝箱

контейнер

紙板箱

тартма

手推車

арба

籃子

кәрзинкә

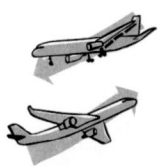

起飛/降落

очу / җиргә төшү

城市

шәһәр

村莊

авыл

市中心

шәһәр үзәге

房子

йорт

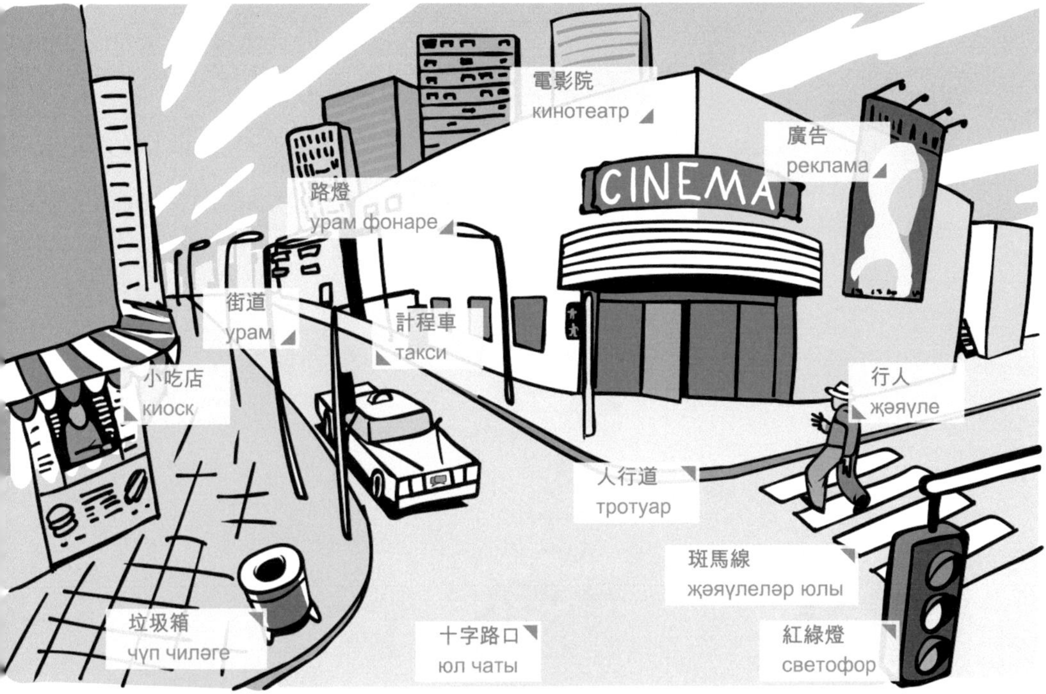

電影院
кинотеатр
CINEMA
廣告
реклама
路燈
урам фонаре
街道
урам
計程車
такси
小吃店
киоск
行人
җәяүле
人行道
тротуар
斑馬線
җәяүлеләр юлы
垃圾箱
чүп чиләге
十字路口
юл чаты
紅綠燈
светофор

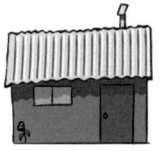

小屋

алачык

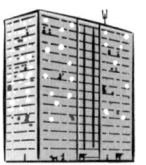

公寓

фатир

火車站

вокзал

市政廳

ратуша

MUSEUM

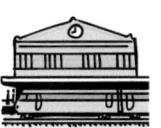

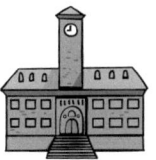

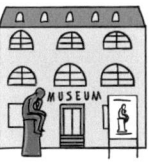

博物館

музей

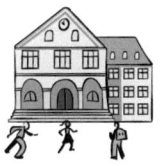

學校

мәктәп

大學

университет

銀行

банк

醫院

хастаханә

飯店

кунакханә

藥房

даруханә

辦公室

офис

書店

китап кибете

商店

кибет

花店

чәчәк кибете

超市

супермаркет

市場

базар

百貨商店

универмаг

魚店

балык кибете

購物中心

сәүдә үзәге

海港

порт

公園

парк

長凳

эскәмия

橋

күпер

樓梯

баскыч

捷運

метро

隧道

тоннель

公車站

автобус тукталышы

酒吧

бар

餐館

ресторан

郵筒

почта тартмасы

路標

урам исеме язылган такта

停車計時器

паркометр

動物園

зоопарк

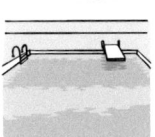

游泳池

бассейн

清真寺

мәчет

農場

ферма

污染

әйләнә-тирә мохитне пычрату

墓地

зират

教堂

чиркәү

操場

балалар мәйданчыгы

寺廟

гыйбадәтханә

地形

ландшафт

樹葉
бит

指示牌
юл күрсәткече

路
юл

草地
болын

石頭
таш

徒步旅行者
сәяхәтче

樹
агач

河
елга

草
үлән

花
чәчәк

峽谷

үзән

丘陵

тау

湖

күл

森林

урман

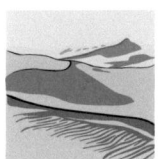

沙漠

чүл

火山

вулкан

城堡

йозак

彩虹

салават күпере

蘑菇

гөмбә

棕櫚樹

пальма

蚊子

черки

蒼蠅

чебен

螞蟻

кырмыска

蜜蜂

корт

蜘蛛

үрмәкүч

甲蟲

коңгыз

青蛙

бака

松鼠

тиен

刺蝟

керпе

野兔

куян

貓頭鷹

ябалак

鳥

кош

天鵝

аккош

野豬

кабан дуңгызы

鹿

болан

麋鹿

поши

水壩

буа

風力發電機

җил генераторы

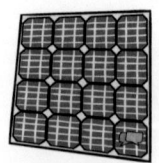

太陽能電池板

кояш батареясы

氣候

климат

餐館

ресторан

服務生
официант
菜譜
меню
椅子
утыргыч
湯
аш
披薩餅
пицца
餐具
ашханә приборлары
桌布
ашъяулык

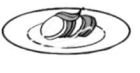

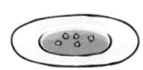

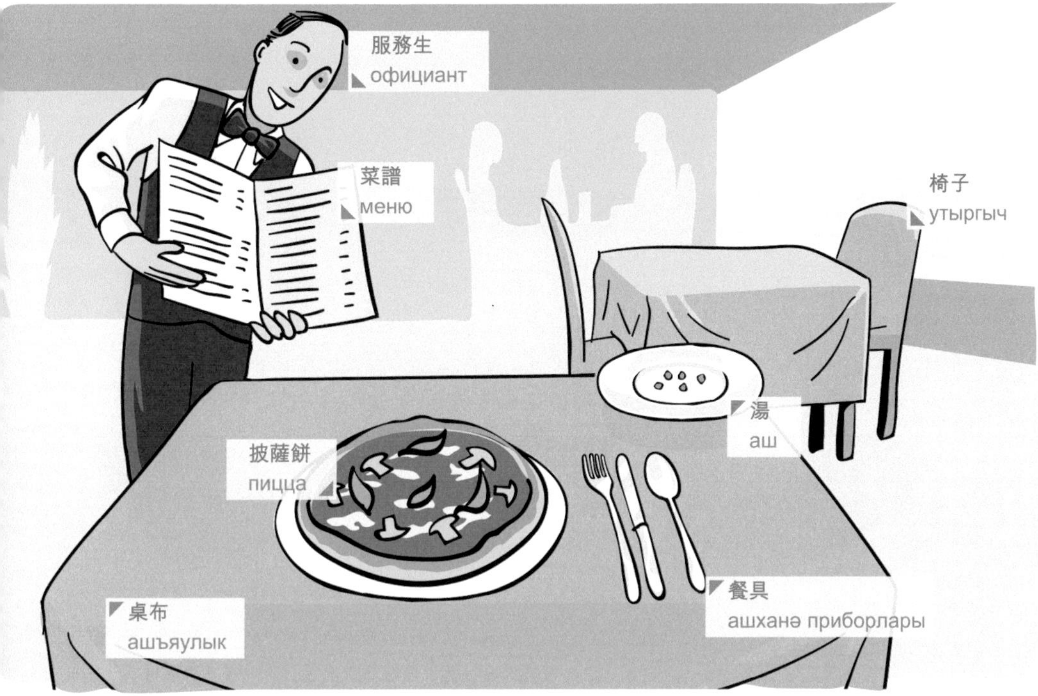

前菜

кабымлык

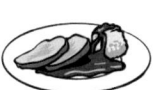

主菜

төп ашамлык

甜點

десерт

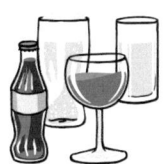

飲料

эчемлекләр

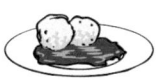

食物

азык

瓶子

шешә

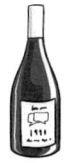

速食

фастфуд

街邊小吃

урам ризыгы

茶壺

чәйнек

糖盒

шикәр савыты

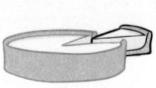

一份飯菜

күләм

義式咖啡機

кофе кайнаткыч

高腳椅

балалар урындыгы

帳單

исәпләү

托盤

поднос

刀

пычак

餐叉

чәнечке

勺子

кашык

茶匙

чәй кашыгы

餐巾

салфетка

玻璃杯

стакан

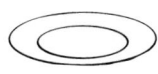

碟子

тәлинкә

湯盤

аш тәлинкәсе

碟子

чәй тәлинкәсе

醬

соус

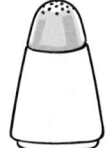

鹽瓶

тоз савыты

胡椒研磨罐

борыч ваклагыч

醋

серкә

食用油

сыек май

調味料

тәмләткеч

番茄醬

кетчуп

芥末

горчица

美乃滋

майонез

超市

супермаркет

特價
махсус тәкъдим
FOR
顧客
сатып алучы
乳製品
сөт продуктлары
水果
җимешләр
購物車
кибеттәге арба

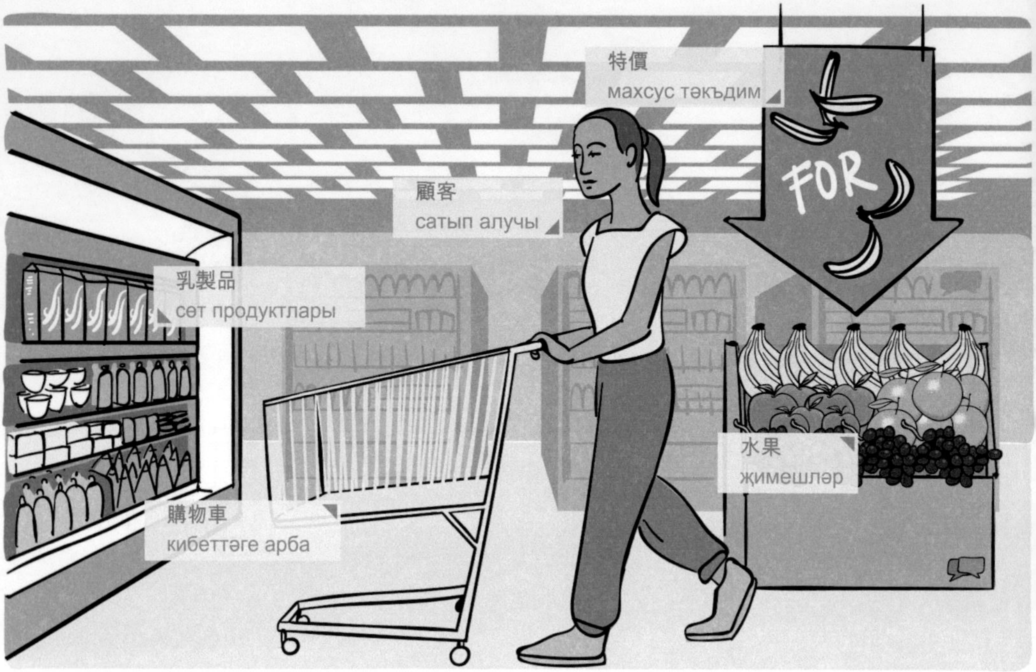

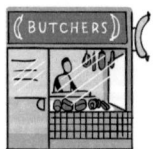

BUTCHERS

肉鋪

ит кибете

BAKERY

麵包店

икмәк пешерү йорты

稱重

килү

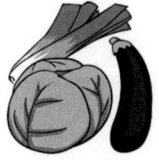

蔬菜

яшелчә

肉

ит

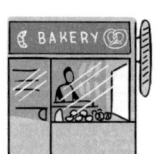

冷凍食品

туңдырылган продуктлар

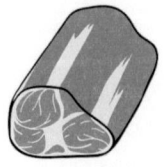

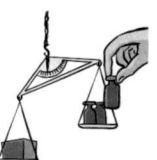

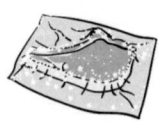

冷盤

кисәкле ит

罐頭食品

консервалар

洗衣粉

кер юу порошогы

甜食

тәм-томнар

日用品

көнкүреш җиһазлары

清潔用品

юу әйбере

銷售員

хатын-кыз сатучы

收銀機

касса

收銀員

кассир

購物清單

сатып алган әйберләрнең исемлеге

開放時間

эш вакыты

錢包

бумажник

信用卡

кредит картасы

袋子

букча

塑膠袋

полиэтилен пакет

水

су

果汁

сок

牛奶

сөт

可樂

кока-кола

紅酒

шәраб

啤酒

сыра

酒

хәмер

可可

какао

茶

чәй

咖啡

кофе

義式濃縮咖啡

эспрессо

卡布奇諾

капучино

香蕉

банан

蘋果

алма

柳丁

әфлисун

西瓜

карбыз

檸檬

лимон

胡蘿蔔

кишер

大蒜

сарымсак

竹子

бамбук

洋蔥

суган

蘑菇

гөмбә

堅果

чикләвекләр

麵條

токмач

義大利麵

спагетти

米飯

дөге

沙拉

салат

薯條

чипсы

炸馬鈴薯

кыздырылган бәрәңге

披薩餅

пицца

漢堡

гамбургер

三明治

сэндвич

炸豬排

котлет

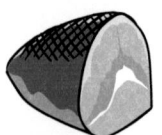

火腿

ветчина

義大利臘腸

салями

香腸

сосиска

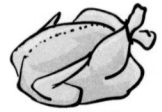

雞肉

тавык

烤肉

кыздырма

魚

балык

燕麥片

солы кисәкләре

木斯里

мюсли

玉米片

кукуруз кисәкләре

麵粉

он

牛角麵包

круассан

麵包捲

булка

麵包

икмәк

吐司

тост

餅乾

печенье

奶油

май

凝乳

эремчек

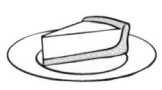

蛋糕

пирог

蛋

йомырка

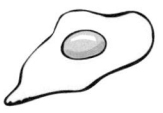

煎蛋

йомырка тәбәсе

起司

сыр

食物 - азык 25

冰淇淋
тундырма

糖
шикәр

蜂蜜
бал

果醬
кайнатма

巧克力醬
шоколадлы паста

咖哩
карри

農場

ферма

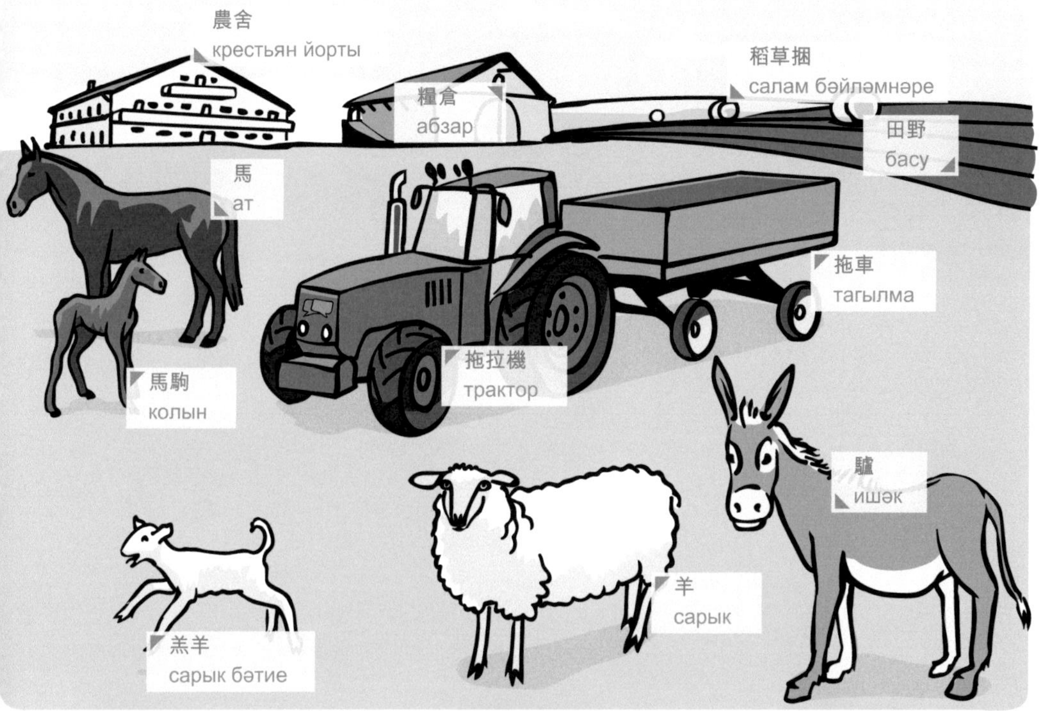
農舍
крестьян йорты
稻草捆
салам бәйләмнәре
糧倉
абзар
田野
басу
馬
ат
拖車
тагылма
拖拉機
трактор
馬駒
колын
驢
ишәк
羊
сарык
羔羊
сарык бәтие

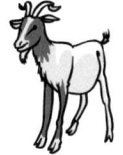

山羊

кәҗә

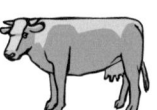

奶牛

сыер

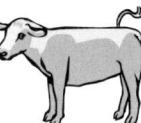

小牛

бозау

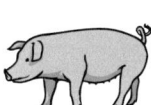

豬

дуңгыз

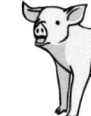

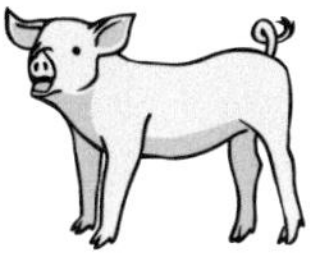

小豬

дуңгыз баласы

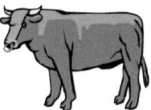

公牛

үгез

鵝

каз

鴨

үрдәк

小雞

чеби

母雞

тавык

公雞

әтәч

鼠

күсе

貓

песи

老鼠

тычкан

牛

эш үгезе

狗

эт

狗屋

эт оясы

花園澆水軟管

бакча шлангысы

澆水壺

сусипкеч

長柄大鐮刀

чалгы

犁

сабан

鐮刀

урак

鋤頭

китмән

長柄草耙

тирес сәнәге

斧頭

балта

獨輪手推車

кул арбасы

飼料槽

тагарак

牛奶罐

сөт өчен бидон

麻布袋

капчык

柵欄

койма

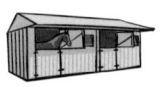

馬廄

абзар

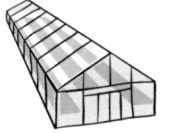

溫室

теплица

土壤

туфрак

種子

чәчү

肥料

ашлама

聯合收割機

комбайн

農場 - ферма   29

收割

уңыш жыю

收割

уңыш

地瓜

ямса

小麥

бодай

大豆

соя

土豆

бәрәңге

玉米

кукуруз

油菜籽

рапс

果樹

жимеш агачы

樹薯

маниок

穀物

иген

房子
йорт

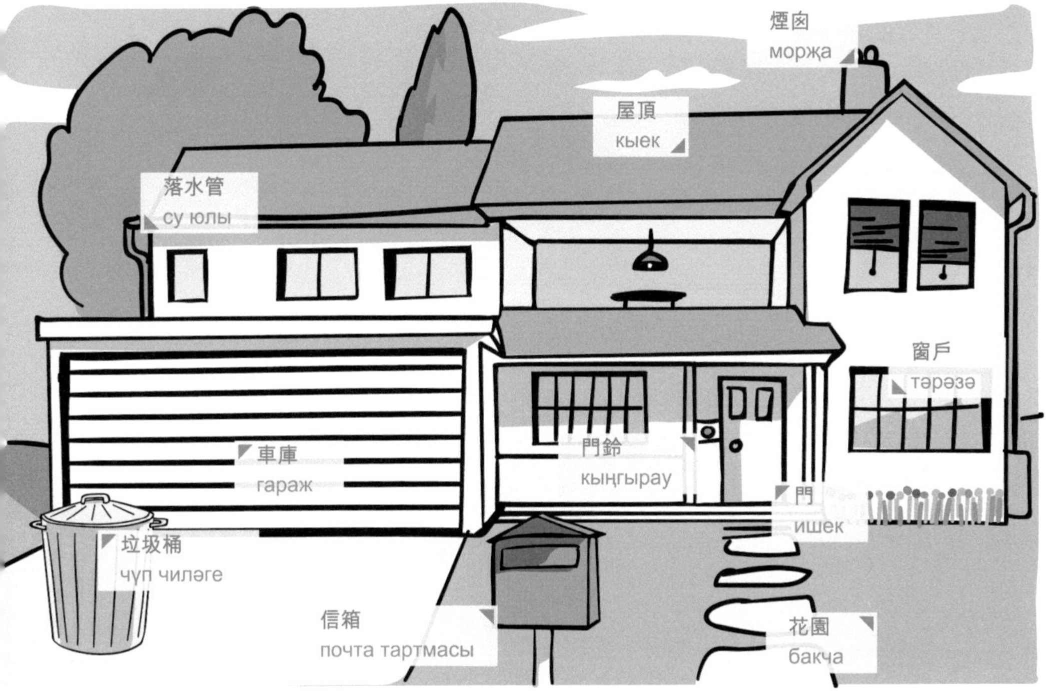
煙囪
моржа
屋頂
кыек
落水管
су юлы
窗戶
тәрәзә
車庫
гараж
門鈴
кыңгырау
門
ишек
垃圾桶
чүп чиләге
信箱
почта тартмасы
花園
бакча

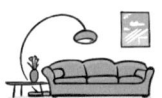

客廳

кунак бүлмәсе

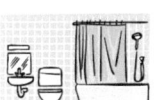

浴室

ванна бүлмәсе

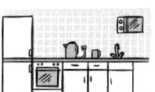

廚房

аш бүлмәсе

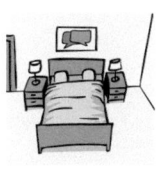

臥室

йокы бүлмәсе

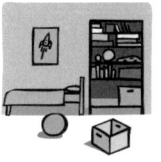

兒童房

балалар бүлмәсе

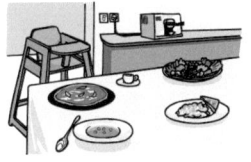

餐廳

ашханә

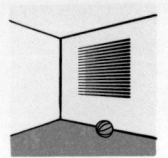

地板

идән

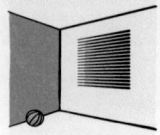

牆壁

дивар

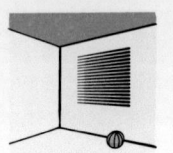

天花板

түшәм

地窖

баз

三溫暖

сауна

陽臺

балкон

露臺

терраса

游泳池

бассейн

割草機

газон чапкыч

被單

юрган аслыгы

床罩

япма

床

карават

掃帚

себерке

水桶

чиләк

開關

сүндергеч

房子 - йорт

客廳

кунак бүлмәсе

壁紙
обойлар
相片
рәсем
檯燈
лампа
擱架
киштә
櫥櫃
шкаф
電視
телевизор
壁爐
камин
花
чәчәк
墊子
мендәр
沙發
диван
花瓶
ваза
遙控器
дистанцион идарә итү пульты

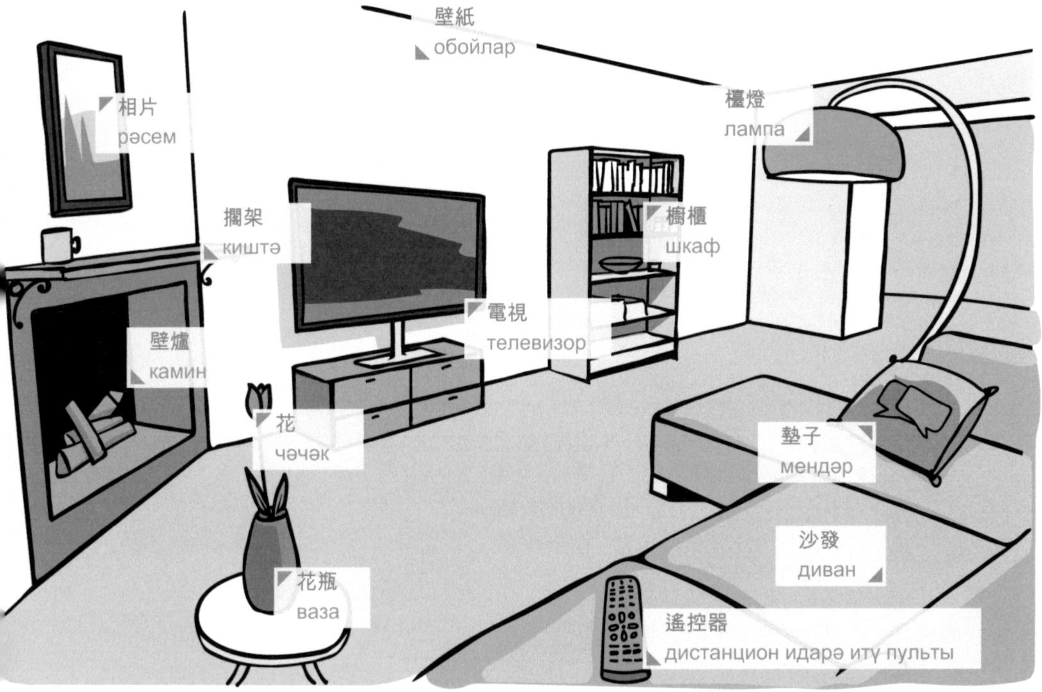

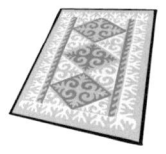

地毯

келәм

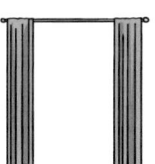

窗簾

пәрдә

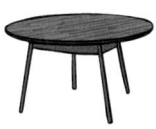

餐桌

өстәл

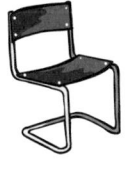

椅子

утыргыч

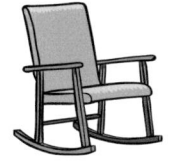

搖椅

тибрәткеч кәнәфи

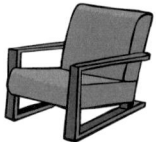

扶手椅

кәнәфи

書

китап

毯子

япма

裝飾品

бизәк

木柴

утын

電影

фильм

高傳真音響

стереосистема

鑰匙

ачкыч

報紙

газета

油畫

картина

海報

плакат

收音機

радио

筆記本

блокнот

吸塵器

тузан суыргыч

仙人掌

кактус

蠟燭

шәм

廚房

аш бүлмәсе

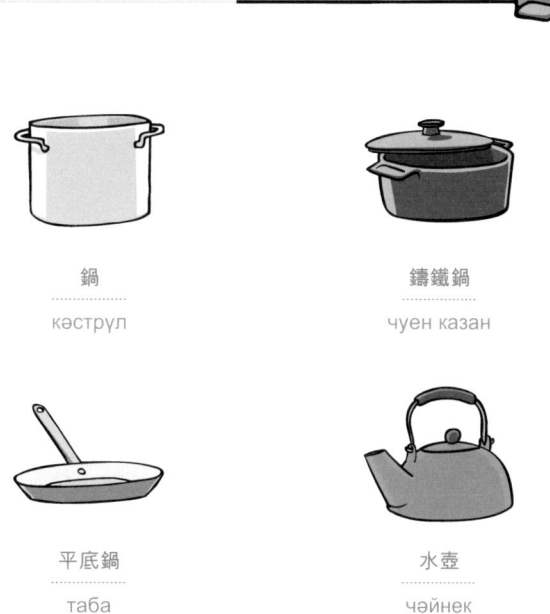

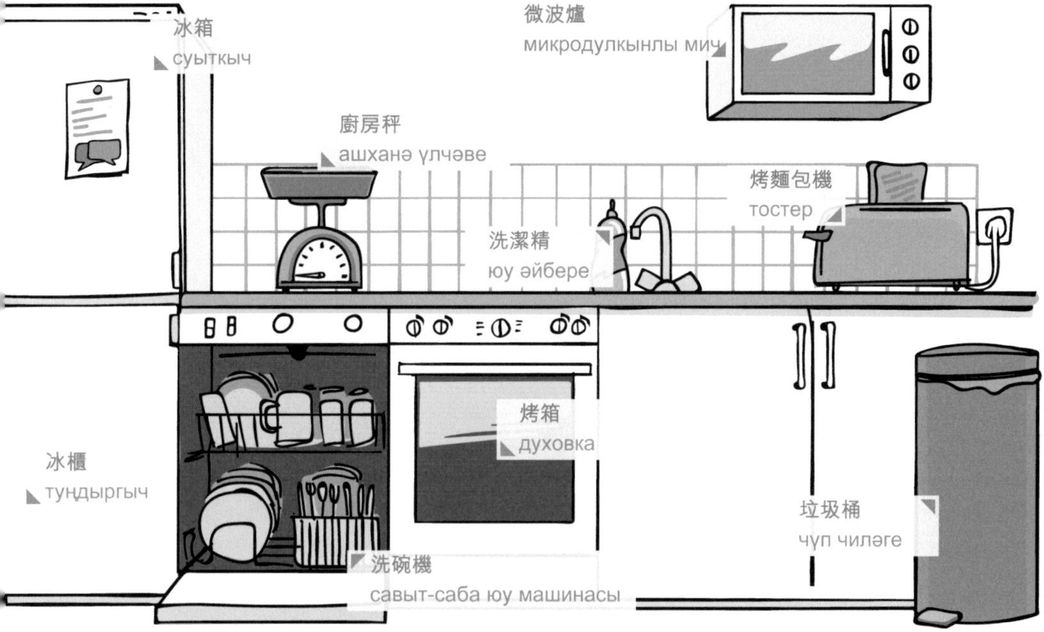

冰箱
суыткыч
微波爐
микродулкынлы мич
廚房秤
ашханә үлчәве
烤麵包機
тостер
洗潔精
юу әйбере
烤箱
духовка
冰櫃
туңдыргыч
垃圾桶
чүп чиләге
洗碗機
савыт-саба юу машинасы

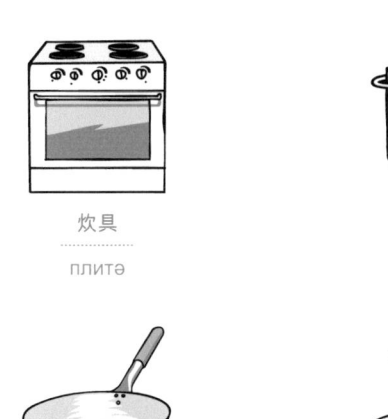

炊具

плитә

鍋

кәстрүл

鑄鐵鍋

чуен казан

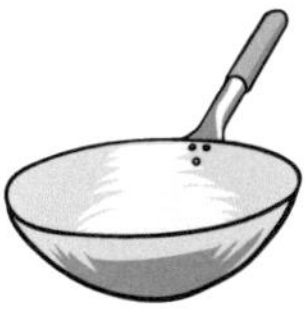

炒鍋

вок / казан

平底鍋

таба

水壺

чәйнек

蒸鍋

парда пешергеч

烤盤

калай таба

陶瓷鍋

савыт-саба

馬克杯

кружка

碗

җамаяк

筷子

таякчык

長柄勺

аш чүмече

鏟子

лопатка

攪拌器

туглауыч

濾網

иләк

篩子

иләк

磨碎機

кыргыч

研缽

төйгеч

燒烤

гриль

明火

учак

菜板

такта

擀麵杖

уклау

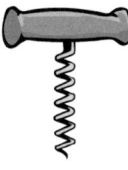

開瓶器

бөке суыргыч

罐子

калай банк

開罐器

консерв ачу өчен пычак

隔熱手套

эләктергеч

水槽

раковина

刷子

щётка

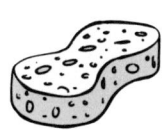

海綿

губка

攪拌機

миксер

冷藏箱

туңдыру камерасы

奶瓶

ашату өчен шешә

水龍頭

кран

浴室

ванна бүлмәсе

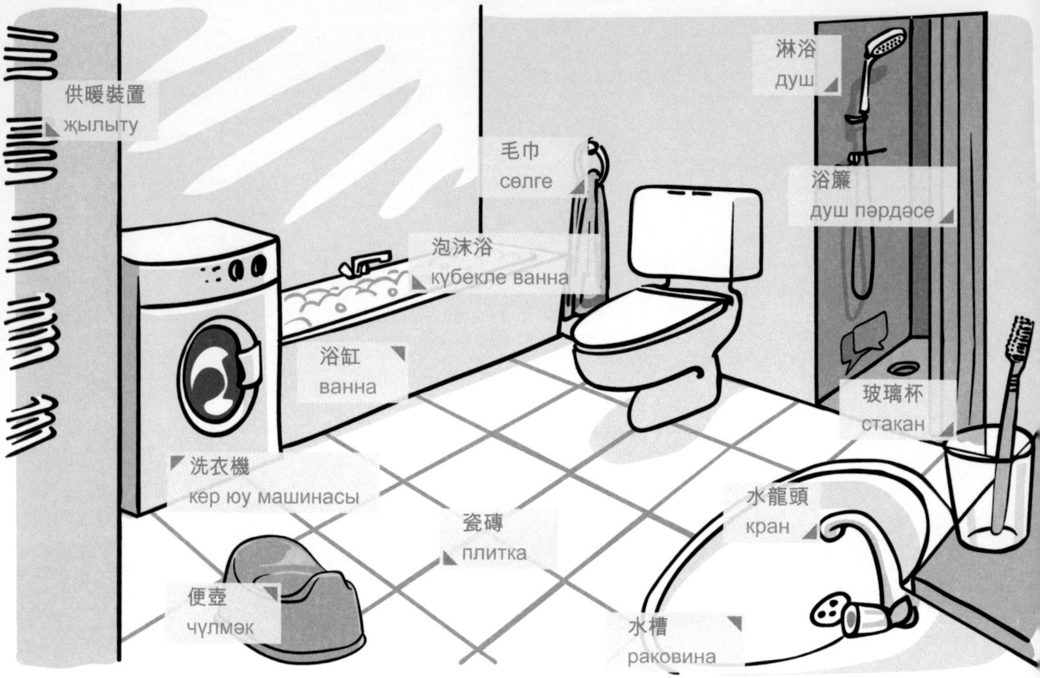
淋浴
душ
供暖裝置
жылыту
毛巾
сөлге
浴簾
душ пәрдәсе
泡沫浴
күбекле ванна
浴缸
ванна
玻璃杯
стакан
洗衣機
кер юу машинасы
水龍頭
кран
瓷磚
плитка
便壺
чүлмәк
水槽
раковина

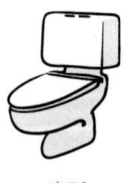

廁所

бәдрәф

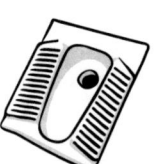

蹲便器

унитаз

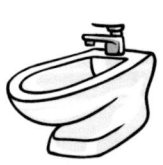

坐浴器

биде

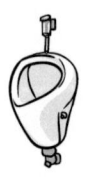

小便斗

писсуар

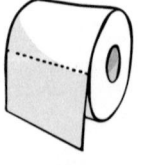

廁紙

бәдрәф кәгазе

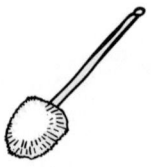

馬桶刷

керпе кебек чистарткыч

牙刷

теш щеткасы

牙膏

теш пастасы

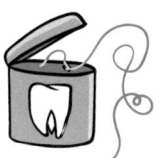

牙線

теш җебе

洗

юу

手持式蓮蓬頭

кул душы

沖洗器

душ

洗臉盆

оча сөяге

洗背刷

аврка өчен щетка

肥皂

сабын

沐浴露

душ өчен гель

洗髮乳

шампунь

法蘭絨

мунчала

排水

агым

乳霜

крем

除臭劑

дезодорант

浴室 - ванна бүлмәсе

鏡子

көзге

手鏡

кул көзгесе

刮鬍刀

пәке

刮鬍泡沫

кырыну өчен күбек

鬍後水

Кырынаганнан соң
кулланыла торган лосьон

梳子

тарак

刷子

щётка

吹風機

фен

噴髮定型劑

чәчләр лагы

化妝品

косметика

唇膏

ирен буявы

指甲油

тырнаклар лагы

化妝棉

мамык

指甲剪

маникюр кайчысы

香水

хушбуй

40

浴室 - ванна бүлмәсе

洗漱包

косметика савыты

凳子

урындык

計重秤

үлчәү

浴袍

халат

橡膠手套

резин перчаткалар

衛生棉條

тампон

衛生棉

гигиена жәймәсе

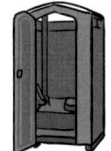

化學廁所

биотуалет

兒童房
балалар бүлмәсе

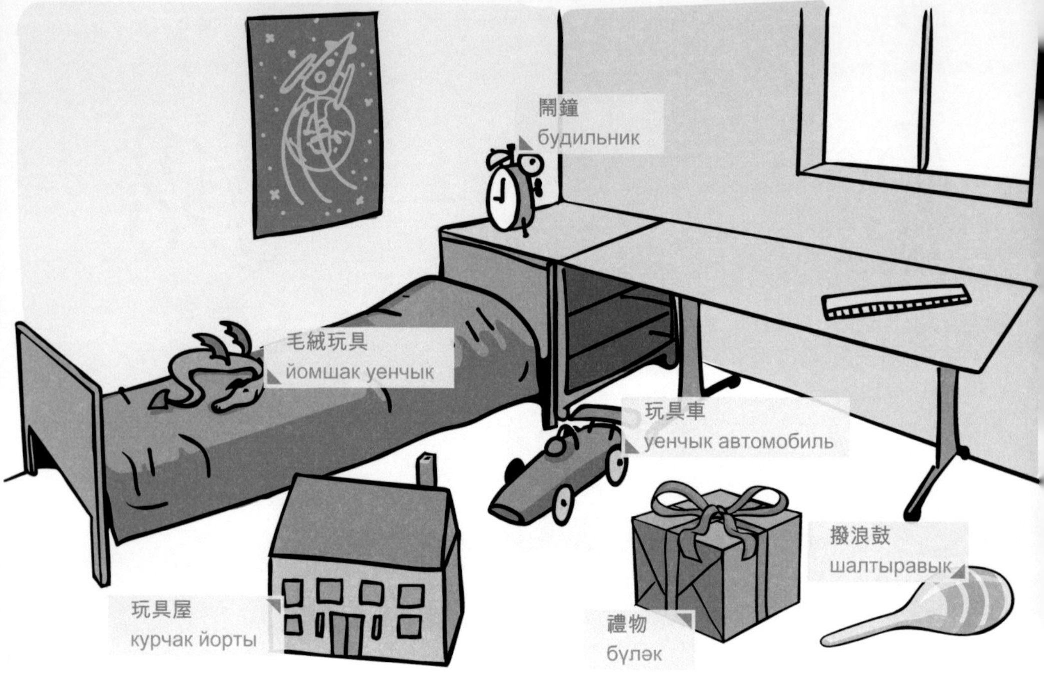

鬧鐘
будильник

毛絨玩具
йомшак уенчык

玩具車
уенчык автомобиль

撥浪鼓
шалтыравык

玩具屋
курчак йорты

禮物
бүләк

氣球

hава шары

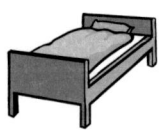

床

карават

嬰兒車

балалар коляскасы

撲克牌

кәрт уены

拼圖

пазл

漫畫

комикс

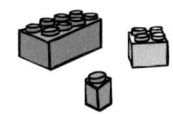

樂高積木

Лего кирпечекләре

積木玩具

шакмак

公仔

уенчык

嬰兒服

ползунки

飛盤

фрисби

床鈴玩具

мобиль

棋盤遊戲

өстәл уены

骰子

шакмак

火車模型

тимер юл моделе

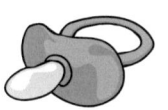

安撫奶嘴

имезлек

派對

кичә

繪本

рәсемнәр белән бизәлгән китап

球

туп

洋娃娃

курчак

玩

уйнау

沙坑

комлык

鞦韆

таган

玩具

уенчык

電玩遊戲

уен приставкасы

三輪車

өч көпчәкле велосипед

泰迪熊

плюш аю

衣櫃

кием-салым шкафы

衣服

кием

襪子

оекбаш

長襪

оек

緊身褲

колготки

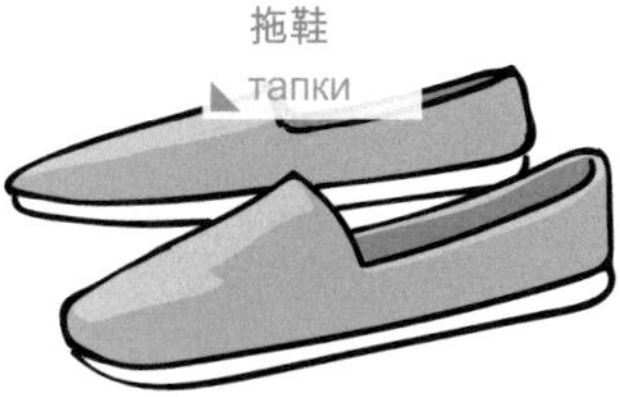

圍巾
шарф

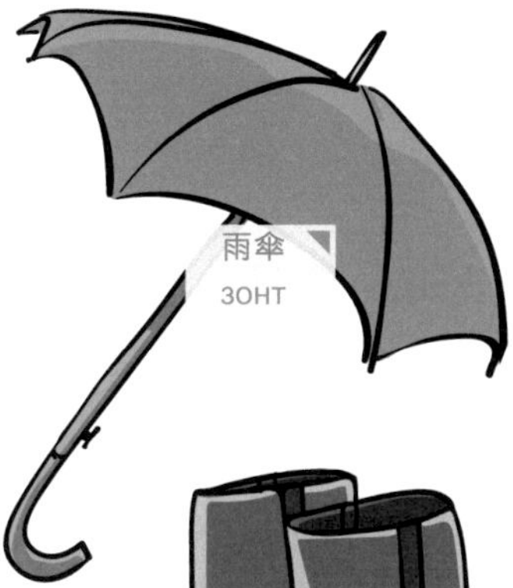

雨傘
зонт

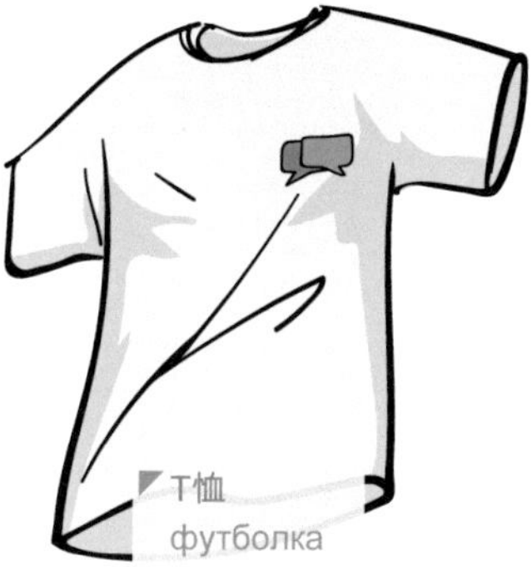

T恤
футболка

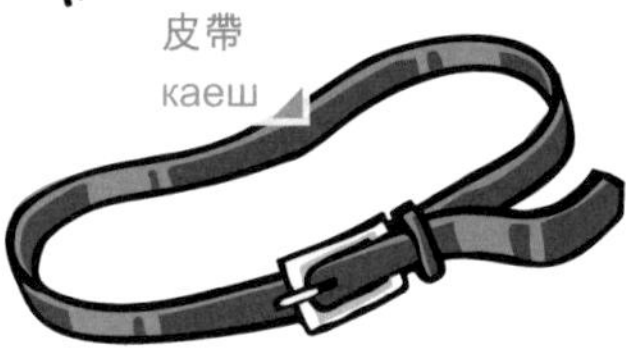

皮帶
каеш

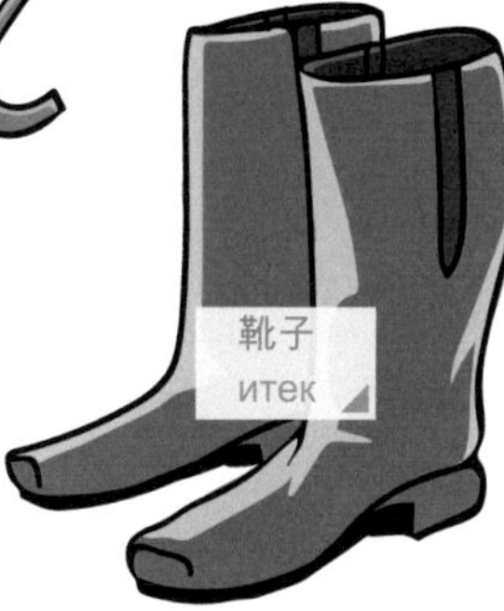

靴子
итек

拖鞋
тапки

運動鞋
кроссовки

涼鞋
....
сандаллар

鞋
....
ботинкалар

雨靴
....
резин итеклəр

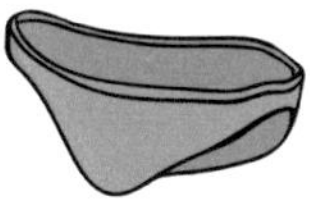

內褲
....
трусик

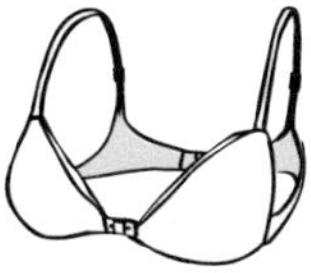

胸罩
....
бюстгальтер

背心
....
майка

衣服 - кием

身體

боди

褲子

чалбар

牛仔褲

джинсы

短裙

итәк

女式襯衫

блузка

襯衫

күлмәк

套頭衫

свитер

連帽上衣

свитер

西裝夾克

спорт курткасы

夾克

жакет

外套

пәлтә

雨衣

плащ

套裝

костюм

連衣裙

күлмәк

婚紗

туй күлмәге

西裝

ирләр костюмы

睡袍

төнге эчке күлмәк

睡衣

пижама

莎麗

сари

頭巾

яулык

包頭巾

чалма

波卡

пәрәнҗә

卡夫坦

кафтан

(阿拉伯式)長袍

абайя

泳衣

коену костюмы

男式泳褲

плавки

短褲

шорт

運動服

спорт костюмы

圍裙

алъяпкыч

手套

перчаткалар

鈕扣

töymä

眼鏡

küzlek

手鏈

beläzek

項鍊

чылбыр

戒指

балдак

耳環

алка

便帽

бүрек

衣架

элгеч

帽子

эшләпә

領帶

галстук

拉鍊

молния каптырмасы

安全帽

каска

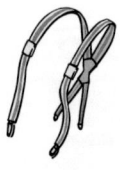

背帶

подтяжка

校服

мәктәп формасы

制服

форма

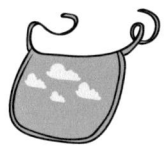

圍兜

балалар күкрәкчәсе

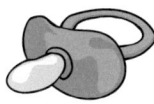

安撫奶嘴

имезлек

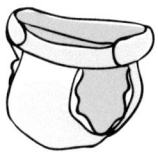

尿布

подгузник

辦公室

офис

伺服器
сервер
檔案櫃
канцелярия шкафы
印表機
принтер
紙
кәгазь
螢幕
монитор
滑鼠
мышка
辦公桌
язу өстәле
資料夾
папка
鍵盤
клавиатура
廢紙簍
кәгазь өчен кәрҗин
電腦
компьютер
椅子
утыргыч

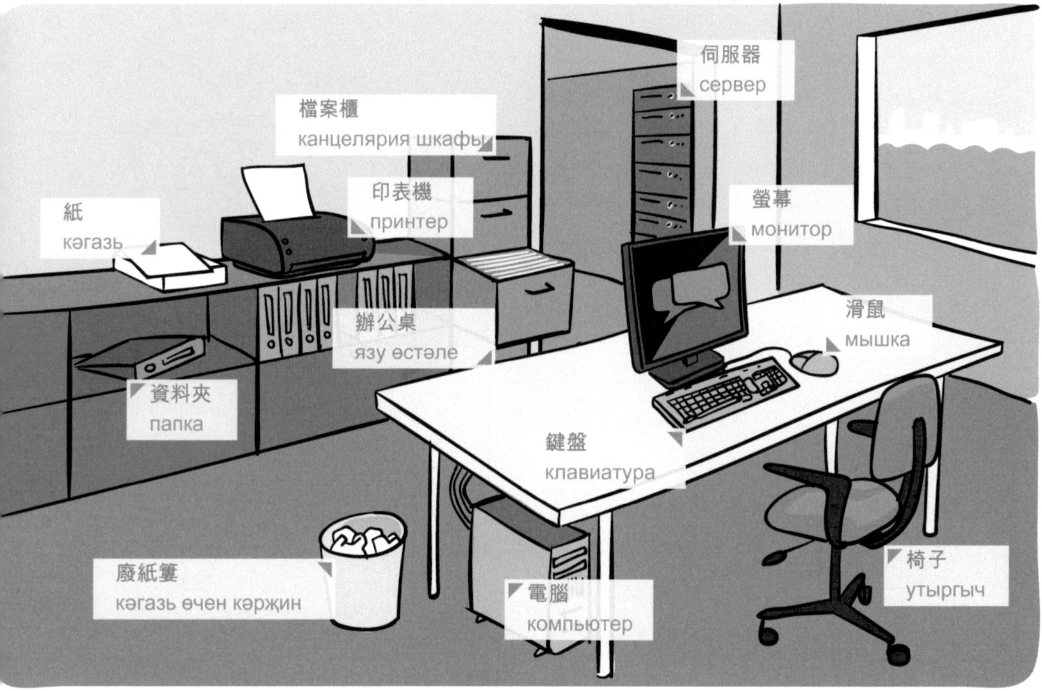

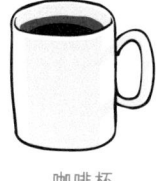

咖啡杯

кофе кружкасы

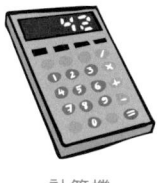

計算機

калькулятор

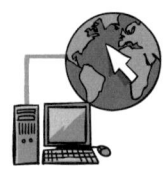

網際網路

интернет

筆記型電腦
ноутбук

信件
хат

簡訊
хәбәр

行動電話
кесә телефоны

網路
челтәр

影印機
ксерокс

軟體
программа

電話
телефон

插座
розетка

傳真機
факс

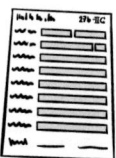

表格
формуляр

檔案
документ

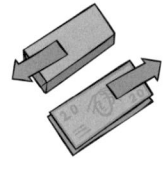

買

сатып алу

付錢

түләу

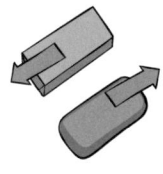

交易

сәудә

現金

акча

美元

доллар

歐元

евро

日元

иена

盧布

сум

瑞士法郎

франк

人民幣

жэньминьби юань

盧比

рупия

提款處

банкомат

外幣兌換處

валюта алмаштыру
пункты

金

алтын

銀

көмеш

石油

җир мае

能源

энергия

價格

бәя

合約

килешу

稅金

салым

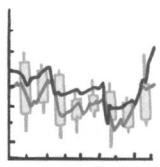

股票

акция

工作

эш

職員

эшче

老闆

эш бируче

工廠

фабрика

商店

кибет

警官
полицейский

消防員
янгын сүндерүче

廚師
пешекче

醫師
табиб

飛行員
очучы

園丁

бакчачы

木匠

агач остасы

裁縫

тегүче

法官

хаким

化學家

химик

演員

актер

公車司機

автобус йөртүче

計程車司機

таксист

漁夫

балыкчы

清洗女工

җыештыручы хатын

屋頂工

түбә ябучы

服務生

официант

獵人

аучы

畫家

рәссам

麵包師

пешекче

電工

электрик

建築工人

төзүче

工程師

инженер

屠夫

итче

水管工

сантехник

郵差

хат ташучы

士兵

солдат

建築師

архитектор

收銀員

кассир

花農

чәчәкче

理髮師

парикмахер

售票員

кондуктор

機械技師

механик

船長

капитан

牙醫

теш табибы

科學家

галим

拉比

раввин

伊瑪目

имам

和尚

монах

牧師

рухани

工具

кораллар

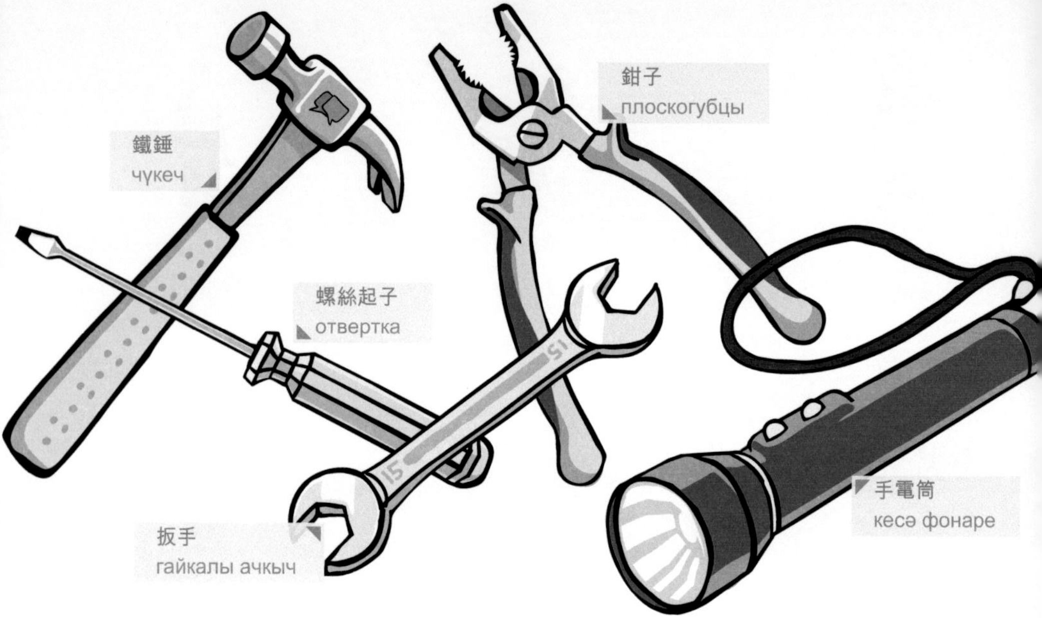

鐵錘
чүкеч
鉗子
плоскогубцы
螺絲起子
отвертка
扳手
гайкалы ачкыч
手電筒
кесә фонаре

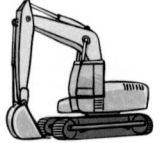

挖掘機

экскаватор

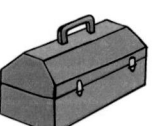

工具箱

инструментлар өчен тартма

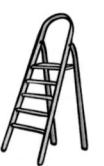

梯子

баскыч

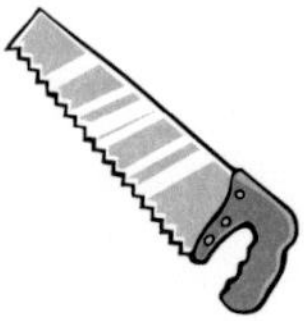

鋸子

пычкы

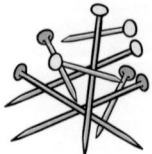

釘子

кадаклар

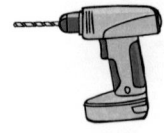

鑽機

дрель

修
....
төзәтү

鏟子
....
көрәк

糟糕！
....
Шайтан алгыры!

畚箕
....
соскы

油漆桶
....
савытлы буяу

螺絲
....
винтлар

樂器
музыкаль инструментлар

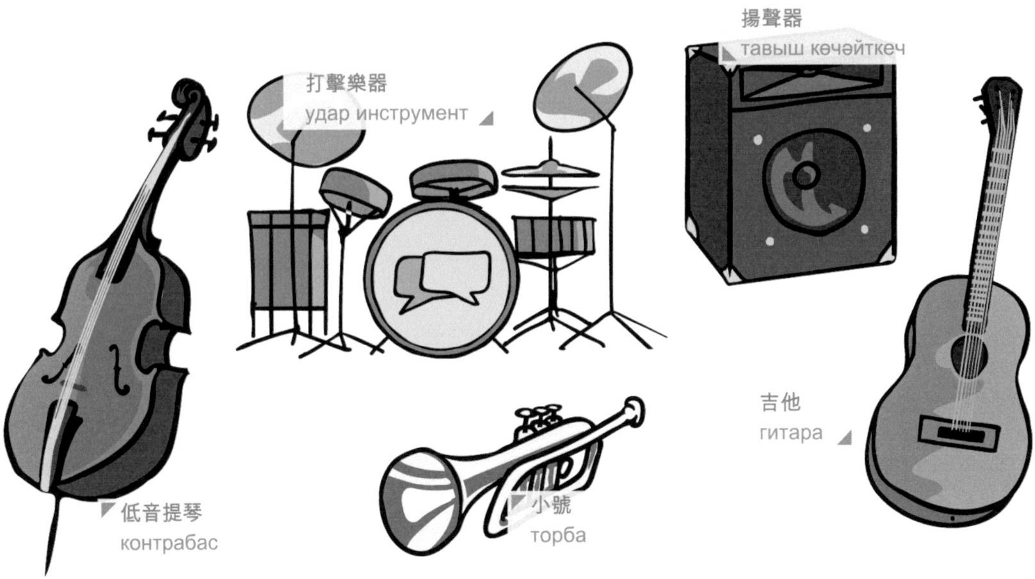

揚聲器
тавыш көчәйткеч

打擊樂器
удар инструмент ◢

低音提琴
контрабас

小號
торба

吉他
гитара ◢

鋼琴

пианино

小提琴

скрипка

貝斯

бас-гитара

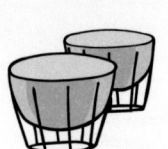

定音鼓

литавра

鼓

барабан

電子琴

синтезатор

薩克斯風

саксофон

長笛

флейта

麥克風

микрофон

動物園

зоопарк

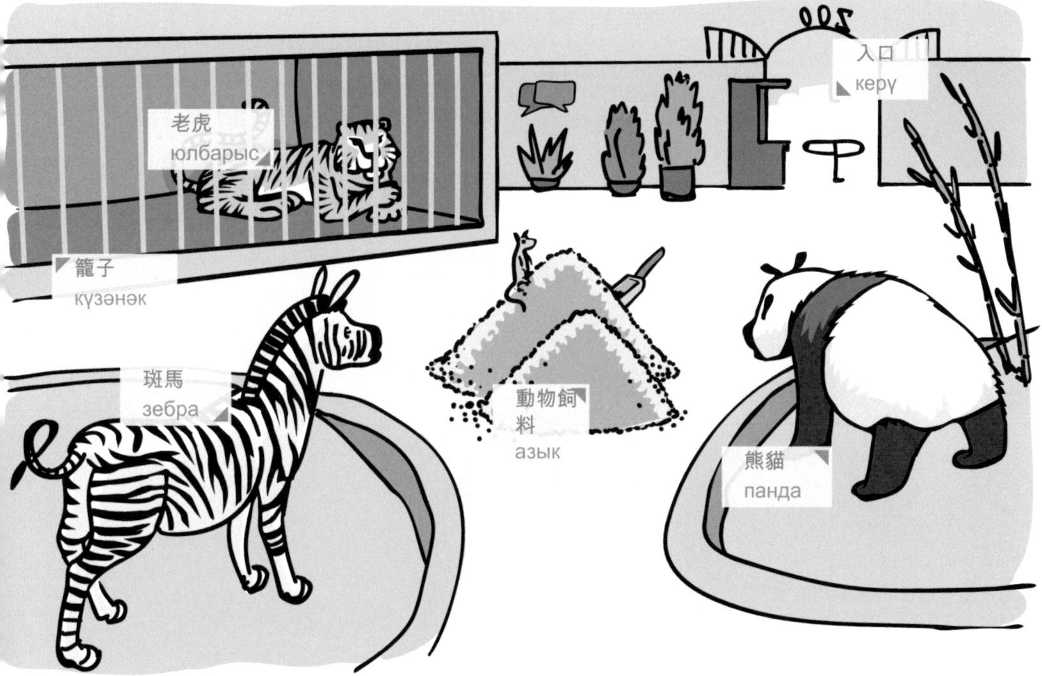

老虎
юлбарыс
籠子
күзәнәк
入口
керү
斑馬
зебра
動物飼料
азык
熊貓
панда

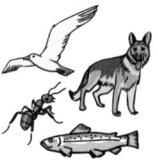

動物

хайваннар

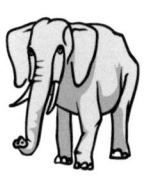

大象

фил

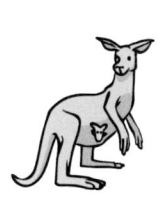

袋鼠

көнгерә

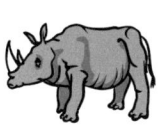

犀牛

мөгезборын

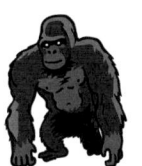

大猩猩

горилла

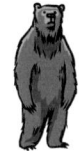

熊

аю

駱駝

дөя

鴕鳥

тәвә кошы

獅子

арыслан

猴子

маймыл

紅鶴

фламинго

鸚鵡

тутый кош

北極熊

ак аю

企鵝

пингвин

鯊魚

акула

孔雀

тавис

蛇

елан

鱷魚

крокодил

動物園管理員

зоопарк хезмәткәре

海豹

тюлень

美洲豹

ягуар

矮種馬

пони

豹

каплан

河馬

су үгезе

長頸鹿

жираф

老鷹

бөркет

野豬

кабан дуңгызы

魚

балык

龜

ташбака

海象

морж

狐狸

төлке

羚羊

газәл

動物園 - зоопарк

橄欖球
америка футболы

騎腳踏車
велосипедта йөрү

網球
теннис

籃球
баскетбол

游泳
йөзү

拳擊
бокс

冰球
хоккей

美式足球
футбол

羽毛球
бадминтон

田徑
җиңел атлетика

手球
гандбол

滑雪
чаңгы спорты

馬球
поло

跳
сикерү

擁抱
кочаклау

笑
көлү

走路
бару

唱
җырлау

做夢
хыяллану

祈禱
гыйбадәт кылу

親吻
үбү

書寫
язу

畫
рәсем ясау

展示
күрсәтү

推
басу

給
бирү

拿
алу

有
....
үзендә булдыру

做
....
эшләү

當
....
булу

站
....
басып тору

跑
....
йөгерү

拉
....
тарту

丟
....
ташлау

摔倒
....
егылу

躺
....
яту

等待
....
көтү

攜帶
....
йөртү

坐
....
утыру

穿衣
....
кию

睡覺
....
йоклау

醒來
....
уяну

看

карау

哭

елау

擊

үтекләу

梳頭

тарау

交談

әйтү

明白

аңлау

問

сорау

聽

тыңлау

喝

эчү

吃

ашау

清理

тәртипкә китерү

愛

сөю

做飯

әзерләү

開車

машинада бару

飛

очу

航行

Җилкәндә йөрү

計算

исәпләү

讀

уку

學習

уку

工作

эш

結婚

никахлашу

縫

тегү

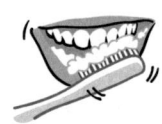

刷牙

тешләрне чистарту

殺

үтерү

抽菸

тәмәке тарту

寄

җибәрү

祖母
әби

祖父
бабай

母親
әни

父親
әти

嬰兒
сабый

女兒
кыз

兒子
ул

客人

кунак

阿姨

түти

叔叔

абый

兄弟

кардәш

姐妹

апа

身體

тэн

前額
▶ маңгай

眼睛
күз

肩膀
кулбаш ◀

臉
бит

手指
бармак

下巴
ияк

手
кул чугы

乳房
күкрәк ◀

腿
аяк

手臂
кул

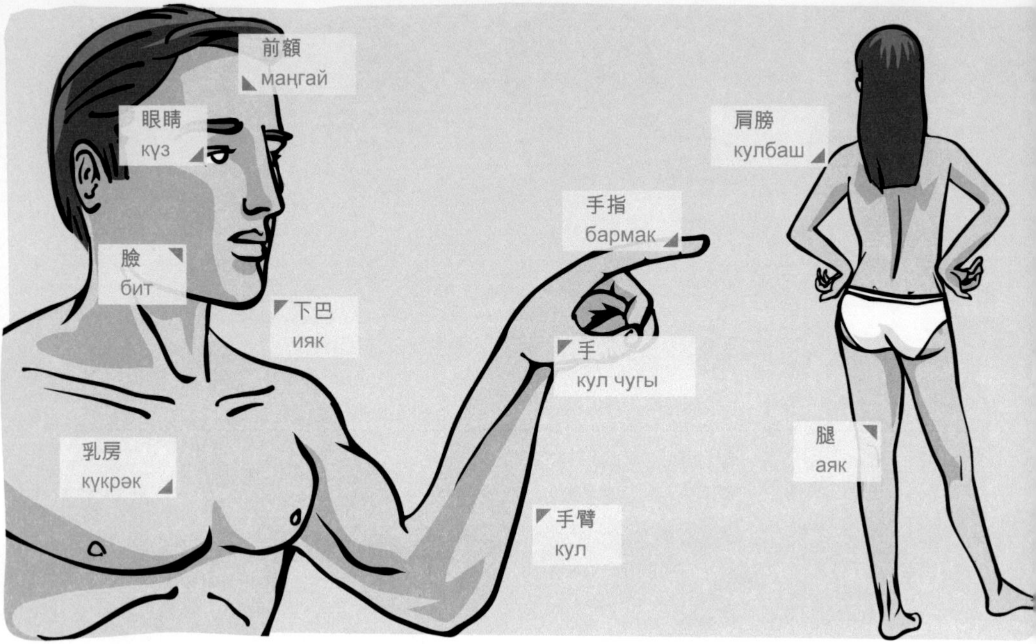

嬰兒
сабый

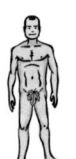

男人
ир

女人
хатын

女孩
кыз

男孩
малай

頭
баш

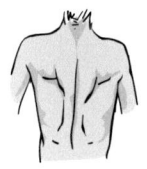

背部

арка

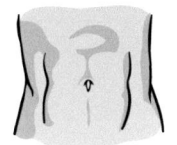

肚子

эч

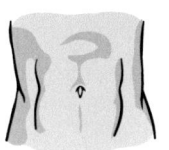

肚臍

кендек

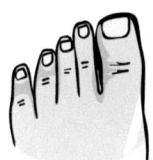

腳趾

аяк бармагы

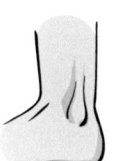

腳後跟

үкчә

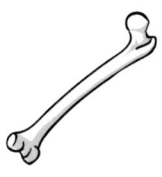

骨頭

сөяк

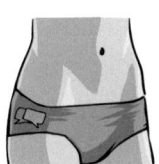

臀部

бот

膝蓋

тез

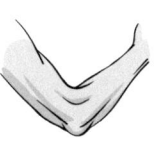

手肘

терсәк

鼻子

борын

屁股

арт сан

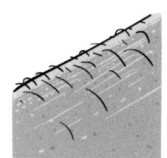

皮膚

тире

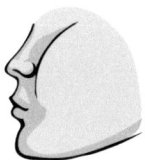

臉頰

яңак

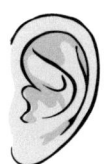

耳朵

колак

嘴唇

ирен

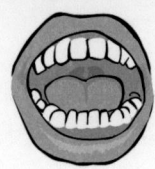

嘴

авыз

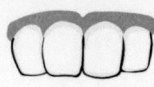

牙齒

теш

舌頭

тел

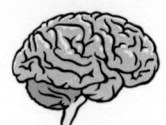

腦

ми

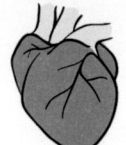

心臟

йөрәк

肌肉

мускул

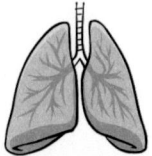

肺

үпкәләр

肝臟

бавыр

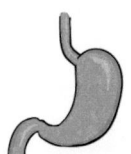

胃

ашказан

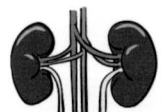

腎臟

бөерләр

性交

җенси акт

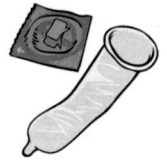

保險套

презерватив

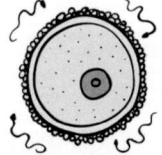

卵子

күкәйлек

精子

сперма

懷孕

көмәнлек

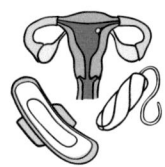

月事
········
күрем

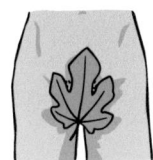

陰道
········
вагина

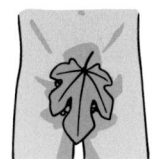

陰莖
········
пенис

眉毛
········
каш

頭髮
········
чәчләр

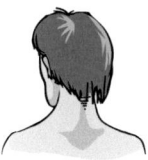

脖子
········
муен

醫院

хастаханә

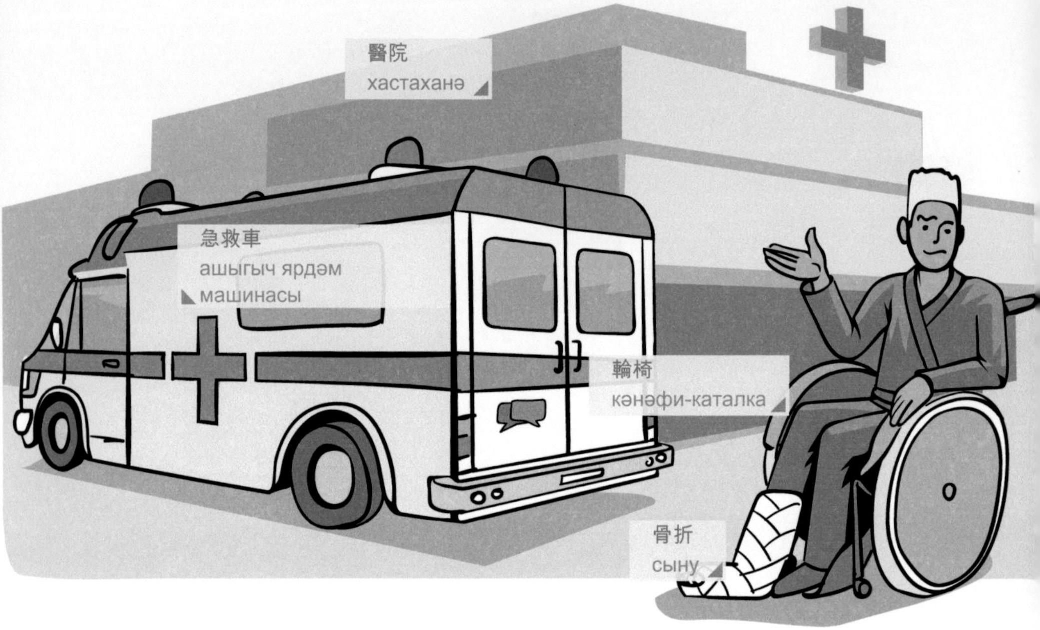

醫院
хастаханә
急救車
ашыгыч ярдәм машинасы
輪椅
кәнәфи-каталка
骨折
сыну

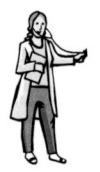

醫師

табиб

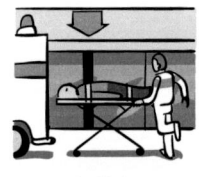

急診室

беренче ярдәм пункты

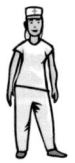

護理師

шәфкать туташы

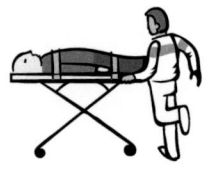

緊急情形

кичектергесез хәл

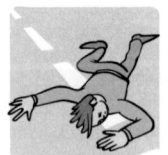

昏迷

аңсыз

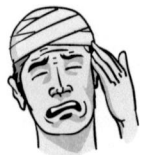

痛

авырту

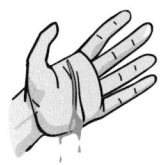

受傷

зыян килү

出血

кан агу

心臟病發作

инфаркт

中風

инсульт

過敏

аллергия

咳嗽

ютәл

發燒

югары температура

流感

грипп

腹瀉

эч киту

頭痛

баш авырту

癌症

кысла

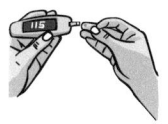

糖尿病

диабет

外科醫師

хирург

手術刀

скальпель

手術

операция

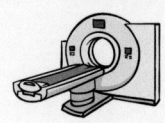

電腦斷層掃描

KT

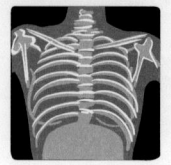

X光

рентген

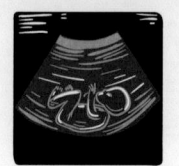

超音波

ультратавыш

口罩

битлек

疾病

авыру

候診室

кабул итү бүлмәсе

拐杖

култык таягы

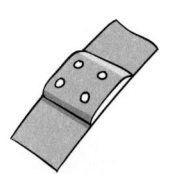

石膏

пластырь

繃帶

бинт

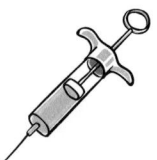

注射

укол кадау

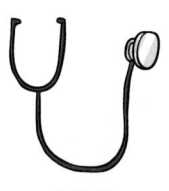

聽診器

стетоскоп

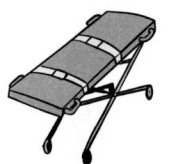

擔架

носилки

體溫計

термометр

出生

туу

超重

артык авырлык

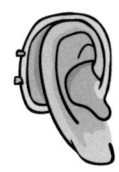

助聽器

колак аппараты

消毒液

йогышсызландыру чарасы

感染

инфекция

病毒

вирус

愛滋病

ВИЧ / СПИД

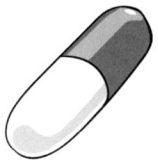

藥物

дару

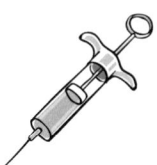

接種疫苗

прививка

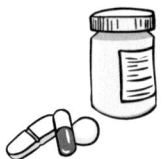

藥片

таблеткалар

藥丸

балага узмас өчен таблетка

急救電話

ашыгыч чакыру

血壓計

кан басымын үлчәү өчен прибор

生病/健康

авыру / сәламәт

救命！

Ярдәм итегез!

警報

тревога сигналы

突擊

һөҗүм иту

攻擊

һөҗүм

危險

куркыныч

緊急出口

запас чыгу урыны

失火了！

Янгын!

滅火器

ут сүндергеч

意外

каза

急救箱

дарухәнә

呼救訊號

SOS

員警

полиция

歐洲

Европа

北美洲

Төньяк Америка

南美洲

Көньяк Америка

非洲

Африка

亞洲

Азия

澳洲

Австралия

大西洋

Атлантик океан

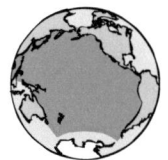

太平洋

Тын океан

印度洋

Һинд океаны

南冰洋

Антарктик океан

北冰洋

Төньяк Боз океаны

北極

Төньяк полюс

南極

Көньяк полюс

南極洲

Антарктика

地球

җир

陸地

коры җир

海

диңгез

島

утрау

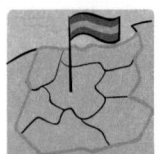

國家

милләт

州

дәүләт

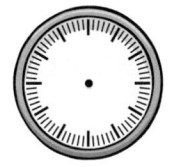

錶盤

сәгать циферблаты

時針

сәгать угы

分針

минут угы

秒針

секунд угы

現在幾點？

Әле сәгать ничә?

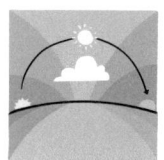

天

көн

時間

вакыт

現在

хәзер

電子錶

электрон сәгать

分

минут

時

сәгать

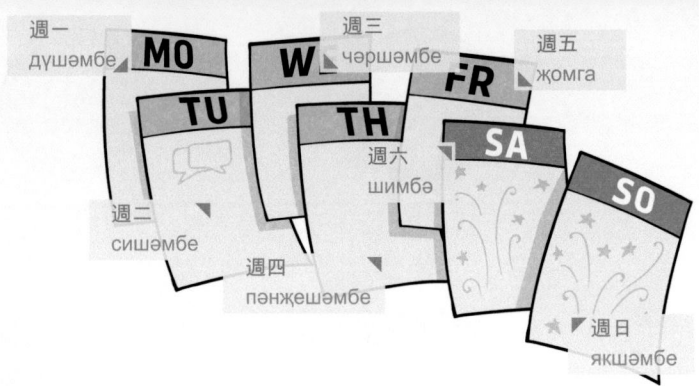

週一 дүшәмбе
週三 чәршәмбе
週五 җомга
週二 сишәмбе
週六 шимбә
週四 пәнҗешәмбе
週日 якшәмбе

昨天

кичә

今天

бүген

明天

иртәгә

早晨

иртә

中午

төш

晚上

кич

MO	TU	WE	TH	FR	SA	SU
1	2	3	4	5	6	7
8	9	10	11	12	13	14
15	16	17	18	19	20	21
22	23	24	25	26	27	28
29	30	31	1	2	3	4

工作日

эш көннәре

MO	TU	WE	TH	FR	SA	SU
1	2	3	4	5	6	7
8	9	10	11	12	13	14
15	16	17	18	19	20	21
22	23	24	25	26	27	28
29	30	31	1	2	3	4

週末

ял көннәре

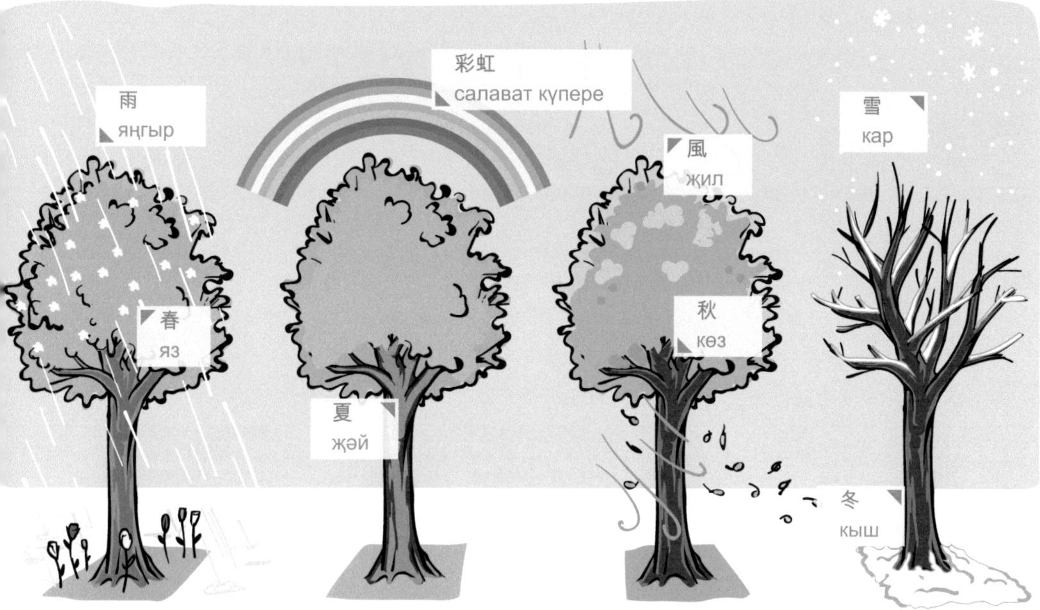

雨
▶ яңгыр

彩虹
▶ салават күпере

風
▶ жил

雪
кар

春
яз

夏
жәй

秋
көз

冬
кыш

4.APRIL	11°	☀
5.APRIL	4°	⛅
6.APRIL	13°	🌧
7.APRIL	8°	☀
8.APRIL	10°	☀

天氣預告

hава торышы

溫度計

термометр

陽光

кояш яктысы

雲

болыт

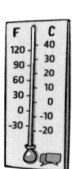

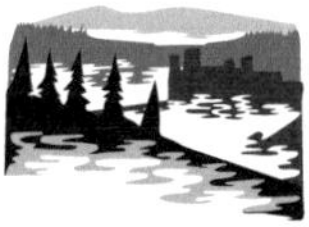

霧

томан

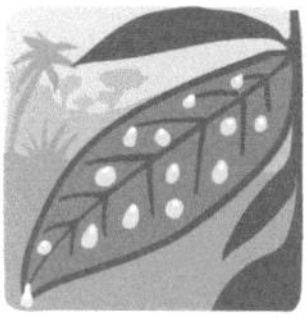

潮濕

дымлылык

閃電

яшен

打雷

күк күкрәү

風暴

давыл

冰雹

боз

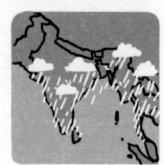

季風

муссон

洪水

су басу

冰

боз

一月

гыйнвар

二月

февраль

三月

март

四月

апрель

五月

май

六月

июнь

七月

июль

八月

август

九月

сентябрь

十月

октябрь

十一月

ноябрь

十二月

декабрь

形狀

формалар

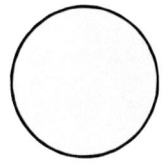

圓形

божра

正方形

квадрат

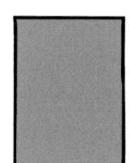

長方形

турыпочмак

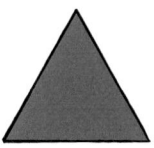

三角形

өчпочмак

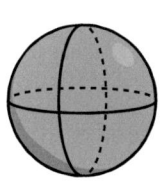

球體

шар

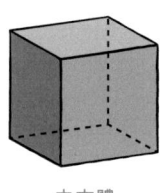

立方體

куб

形狀 - формалар　　　　83

白

ак

黄

сары

橙

кызгылт сары

粉

ал

紅

кызыл

紫

шәмәхә

藍

зәңгәр

綠

яшел

棕

көрән

灰

соры

黑

кара

很多/少許

күп / аз

生氣/平靜

усал / тыныч

美/醜

матур / ямьсез

首/尾

башы / ахыры

大/小

зур / кечкенә

明/暗

якты / караңгы

兄弟/姐妹

абый / эне

乾淨/骯髒

чиста / пычрак

完整/缺失

тулы / тулы түгел

白天/晚上

көн / төн

死/生

үле / тере

寬/窄

киң / тар

可食用/非食用

ашарга яраклы / ашарга яраксыз

邪惡/善良

явыз / яхшы

興奮/無聊

дулкынланган / сагынган

胖/瘦

юан / ябык

第一/最後

башта / азакта

朋友/敵人

дус / дошман

滿/空

тулы / буш

硬/軟

каты / йомшак

重/輕

авыр / җиңел

餓/渴

ачлык / сусау

生病/健康

авыру / сәламәт

非法/合法

хокуксыз / хокуклы

聰明/愚笨

акыллы / акылсыз

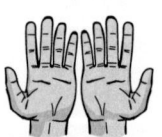

左/右

сулдан / уңнан

近/遠

якын / ерак

新/舊

яңа / тотылган

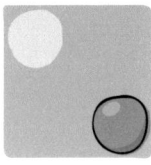

沒有/有些

бер нәрсә дә / нәрсәдер

老/幼

өлкән / яшь

開/關

тоташтырылган / сүндерелгән

打開/闔上

ачык / ябык

安靜/吵鬧

әкрен / кычкырып

富/窮

бай / ярлы

對/錯

дөрес / дөрес түгел

粗糙/光滑

кытыршы / шома

傷心/高興

моңсу / бәхетле

短/長

кыска / озын

慢/快

җай / тиз

濕/乾

дымлы / коры

溫暖/涼爽

җылы / салкын

戰爭/和平

сугыш / тынычлык

數字

саннар

0

零
ноль

1

一
бер

2

二
ике

3

三
өч

4

四
дүрт

5

五
биш

6

六
алты

7

七
җиде

8

八
сигез

9

九
тугыз

10

十
ун

11

十一
унбер

12
十二
унике

13
十三
унөч

14
十四
ундүрт

15
十五
унбиш

16
十六
уналты

17
十七
унҗиде

18
十八
унсигез

19
十九
унтугыз

20
二十
егерме

100
百
йөз

1.000
千
мең

1.000.000
百萬
миллион

英語

инглизчә

美式英語

американча инглиз

普通話

мандаринча Кытай

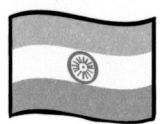

印地語

һинди

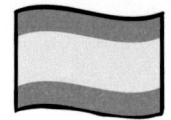

西班牙語

испан

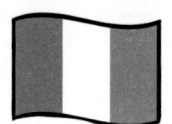

法語

француз

阿拉伯語

гарәп

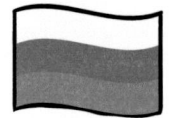

俄語

рус

葡萄牙語

португал

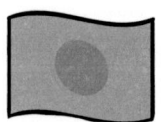

孟加拉語

бенгал

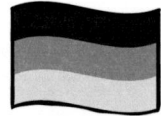

德語

алман

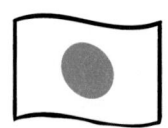

日語

япон

我

мин

你

син

他/她/它

ул / ул / ул

我們

без

你們

сез

他們

алар

誰？

кем?

什麼？

нәрсә?

如何？

ничек?

何處？

кайда?

何時？

кайчан?

名字

исем

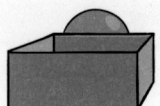

後面

артта

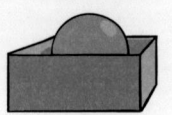

裡面

эчендә

前面

алда

上方

өстендә

上面

өстенә

下麵

астында

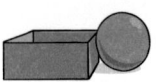

旁邊

янәшә

中間

арасында

地點

урын